मैं अगर इश्क़ में थोड़ा खुद्दार ना होता

चन्द्र किशोर "उरेती"

BookLeaf Publishing
India | USA | UK

Presentation by *BookLeaf Publishing*

Web: www.bookleafpub.com

E-mail: info@bookleafpub.com

ISBN:9789363315341

First edition 2024

PREFACE

मन, मन की अभिव्यक्ति और प्रयास, लिखने का शौक़ तो पहले से रहा है पर हिम्मत अभी कर रहा हूँ, कई बार कुछ-कुछ लिखकर उन पन्नों को फ़ेंक दिया,उन्हें संलग्न करने का सोचा ही नहीं, स्मृति में शेष रही उन कविताओं को दोबारा लिखने की कोशिश की है, कुछ कविताएँ ११-१२ साल की उम्र में लिखी गई है तो वो थोड़ी बचकानी लग सकती हैं, मैंने कोशिश भी की वो बचकानी ना लगे पर आज के बाज़ार में मैं वो मासूमियत ख़रीद नहीं पाया, क्षमाप्रार्थी।।

मैं अगर इश्क़ में थोड़ा खुद्दार ना होता

मैं अगर इश्क़ में थोड़ा खुद्दार ना होता,
तो क़सम से मेरा प्यार, प्यार ना होता।।

हम ताकते रह जाते, हरेक शख़्स को,
किसी चेहरे से हमारा दीदार ना होता ।।

बाज़ार सी महफ़िलों, भीड़ में होते,
ये आँखें जिसे ढूँढे, वो एक ना होता ।।

रहते हम भी किसी दौड़ के हिस्से,
मुसाफ़िर किसी के लिए यहाँ रुका ना होता।।

तुम खोजो दिल, दिल लगाने को यहाँ,
हर दिल इतना दिलदार ना होता ।।

हर शख़्स ख़ास हो, ये ज़रूरी नहीं है

हर शख़्स ख़ास हो, ये ज़रूरी नहीं है,
हर आईना साफ़ हो,ये ज़रूरी नहीं है।।

सब कुछ बिकता है यहाँ बाज़ार में,
सब पर बोली लगी हो, ये ज़रूरी नहीं है।।

सब धुआँ-धुआँ सा है आसमाँ यहाँ,
कहीं आग लगी हो, ये ज़रूरी नहीं है।।

यहाँ नाम से आम, सब सुर्ख़ियों में है,
पर अख़बार सच हो, ये ज़रूरी नहीं है।।

ताश सी हो गई है यहाँ नियत सभी की,
सबके हक़ में इक्के हों, ये ज़रूरी नहीं है।।

तू अकेला है मुसाफ़िर इस राह में,
ये परछाई तेरी अपनी हो, ये ज़रूरी नहीं है।।

मैं बंधनों से ख़ुद को आज़ाद रखता हूँ

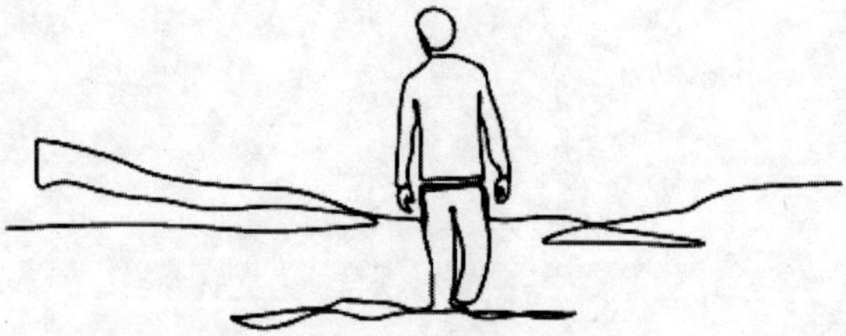

मैं ख़ुद को आईने के पास रखता हूँ।
जैसा हूँ मैं वैसा ख़ुद को सामने रखता हूँ।।

है फ़रेब जमाने में एक दूसरे के लिए।
मैं ख़ुद को ऐसे फ़रेबों से दूर रखता हूँ।।

रेत के टीले अक्सर बिखर हैं जाते।
इसलिए ख़ुद को बिन सहारे रखता हूँ।।

यहाँ दिल टटोलने का अब मन नहीं।
ख़ुद से जज़्बात जताते रहता हूँ।।

मैं नदियों सा बहूँ, सदा के लिए।
इसलिए किनारों से किनारा रखता हूँ।।

तू फिर से मुझे क़ैद किसी कफ़स में,
मैं बंधनों से ख़ुद को आज़ाद रखता हूँ।।

मौन है

महफ़िलों का शोर है,
सारी आवाज़ें मौन हैं।।
ख़्यालों में जी रहे हैं सब,
कल्पना सारी मौन है।।

आहट किसी की सुनते नहीं,
स्नेह-स्पंदन मौन है।।
हँसी-उपहास के फ़ूहड़ में,
असली मुस्कान मौन है।।

यहाँ जीत-हार के खेल में,
सारे हर्षो-उल्लास मौन है।।
अजब सी भाग दौड़ है जीवन में,
सारे सब्र यहाँ मौन है।।

प्रतिस्पर्धा के दौड़ में निकले है सब,
हाथ बाँटना यह मौन है।।
दीवारों में क़ैद कर लिया है ख़ुद को,
अब आज़ादी यहाँ मौन है।।

अब फ़र्क़ किसी को पड़ता नहीं,
हर क्रांति यहाँ मौन है।।
सिर्फ़ तमाशबीन बनकर बैठे है सब,
अब हर इंसान यहाँ मौन है।।

खबरें ना सुनाओ

खबरें ना सुनाओ, खबरों से क्या होगा?
हमें तो सुर्ख़ियों का शौक़ है।
सुर्ख़ियाँ होंगी,
तभी तो ट्रेंड बनेगा।
हैशटैग (#) भी तो लगाना है,
ट्वीट करनी है, किसी की रीट्वीट करनी है,
स्टेटस भी लगाना है,
शेयर भी तो करना है।।
इसलिए खबरें ना सुनाओं,
हमें सुर्ख़ियों का शौक़ है।।

यहाँ सच की किसको पड़ी है,
कौन सच की खोज में निकले,
सच का चेहरा किसी चाहिए,
हमें बस एक मुखौटा दे दो,
सारा सच फिर एक शक्ल में हो जाए,
क्या करना है अब खबरों का,
हम खबरों के हिस्से थोड़ी है।
हमें तो बस हैशटैग लगाना है,
इसलिए खबरें ना सुनाओ,
हमें सुर्ख़ियों का शौक़ है।।

अब लाशों पर शोक नहीं,
इनपे शोर होता है,
इन खबरों के साथ ही,
अब हमारा सवेरा होता है,
पर यक़ीन मनों, इन खबरों से किसी को फ़र्क़ नहीं पड़ता,
और जिन्हें फ़र्क़ पड़ता है,
वो फ़र्क़ कर ही लेंगे
हमें तो बस हैशटैग लगाना है
इसलिए खबरें ना सुनाओ,
हमें सुर्ख़ियों का शौक़ है।।

अब इंसान से ज़्यादा,
मुर्दों पर चर्चा है।
अब यह अख़बार से ज़्यादा,
किसी चुनाव का पर्चा है।
अभी अफ़वाहों का बाज़ार गर्म है,
सबको रोटी सेक लेने दो।।

और सुनो,
हमें खबरें ना सुनाओ,
हमे सुर्ख़ियों का शौक़ है।।

बचपन में ना ब्याहो बापू

बचपन में ना ब्याहो बापू,
सारे सपने टूट जाएँगे।
हम धरा को सृजन करने वाले,
अधूरे सपने बिन मर जाएँगे।
बचपन में ना ब्याहो बापू,
सारे सपने टूट जाएँगे।।

मेरा मोल क्या भाई से,
इतना कमतर आँका था।
मेरे पंखों को काटकर,
क्यों घर पर मुझको बांधा था।
बचपन में ना ब्याहो बापू,
सारे सपने टूट जाएँगे।।

है आसमाँ की कल्पना मुझमें,
मुझे एक उड़ान तो भर लेने दो।
मैं भी तेरा नाम करूँगी,
मुझको भी तो उड़ लेने दो।
बचपन में ना ब्याहों बापू,
सारे सपने टूट जाएँगे।।

मैं पराई हूँ, सुन-सुनकर,
मुझे अपना घर क्यों घर ना लगे??
इसी नीड़ में रह बढ़कर,
मुझे तिनका इसका अपना ना लगे।।
बचपन में ना ब्याहो बापू,
सारे सपने टूट जाएँगे।।

अभी बरस क्या उमर है मेरी,
यह कैसा एक बोझ है।
गुड्डन-गुड़िया के खेल से निकली,
क्या ब्याह देना ही एक सोच है।।
बचपन में ना ब्याहो बापू,
सारे सपने टूट जाएँगे।।

तुमने कोख़ में ना मारा मुझको,
पर अब ये कैसी मौत है?
बिटिया बनकर जी ना सकी मैं,
क्या बेटी समाज पर चोट है??
बचपन में ना ब्याहो बापू,
सारे सपने टूट जाएँगे।।

इनसे न सौदा कीजिए

कुछ कहानियों को समझें,
कुछ को यूँ ही रहने दीजिए।
ये महज़ छोटी सी चीज़ है,
इनसे न सौदा कीजिए।।

गर सौदा कर लीजियेगा,
कहानी व्यापार हो जाएगा।
कहाँ तल्ख़ बची रहेगी खुशबू,
वो मुरझा ज़हर हो जाएगा।।
ये महज़ छोटी सी चीज़ है,
इनसे न सौदा कीजिए।।

इतना कोहरा न करो,
इन नज़ारों को खोने न दो।
आँखे बची रहेगी हमारी,
इन्हें पारदर्शी होने दो।।
ये महज़ छोटी सी चीज़ है,
इनसे न सौदा कीजिए।।

कहानियों के किस्सों का,
यूँ क़िस्सा-क़िस्सा न कीजिए।
यहाँ सब एक सा है,
आप यूँ हिस्सा-हिस्सा न कीजिए।।
ये महज़ छोटी सी चीज़ है,
इनसे न सौदा कीजिए।।

कहानियों की इस होड़ में,
यूँ कहानियां न बुनिये।
हम बहरे हो चले हैं अब,
थोड़ा शोर तो कम कीजिये।।
ये महज़ छोटी सी चीज़ है,
इनसे न सौदा कीजिए।।

तो समझना युग का अंत है

जब सब कुछ क़ैद हो,
संकुचित हो जाये विचार,
तो समझना युग का अंत है।।

जब सब विवेक मूढ़ हो,
फैल जाए दुष्प्रचार,
तो समझना युग का अंत है।।

जब सब कुछ तृष्णा हो,
लालच से लाचार,
तो समझना युग का अंत है।।

जब सब कुछ मिथ्या हो,
सच हो जाये बेकार,
तो समझना युग का अंत है।।

जब सब कुछ विज्ञापन हो,
नीलाम हो जाये बाज़ार,
तो समझना युग का अंत है।।

जब सब कुछ कौड़ियों में हो,
इंसान बिकने को हो तैयार,
तो समझना युग का अंत है।।

जब युद्ध में यूँ ही अर्जुन,
डाल दे सारे हथियार,
तो समझना युग का अंत है।।

रोती रही है वो

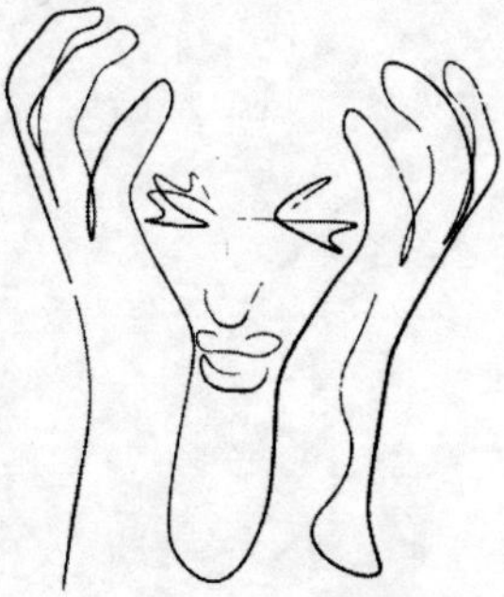

किसी ख़्वाब को जगाती, रोती रही है वो।
सिसकियाँ सिरहाने लेकर, रोती रही है वो।।

बहुत था उसे यक़ीन, जुगनू के जगमगाने का।
हवा से बुझे दीप, अब जलाती रही है वो।।

वो आसमाँ समझ बैठी थी, ख़ुद की दुनिया।
अब दुनिया में ख़ुदा ढूँढती रही है वो।।

जो अक्सर घिरी रहती थी फ़रेबी लोगों से,
मुश्क़िल-ए-मझधार में उन्हें खोजती रही है वो।।

नदियों सा उसे बहना था समुंदर को,
अब एक-एक घाट को तरसती रही है वो।।

सब मिलना मुनासिब नहीं है ज़माने में,
सब पर हक़ आज़माती रही है वो।।

हमसे किनारा होती रही

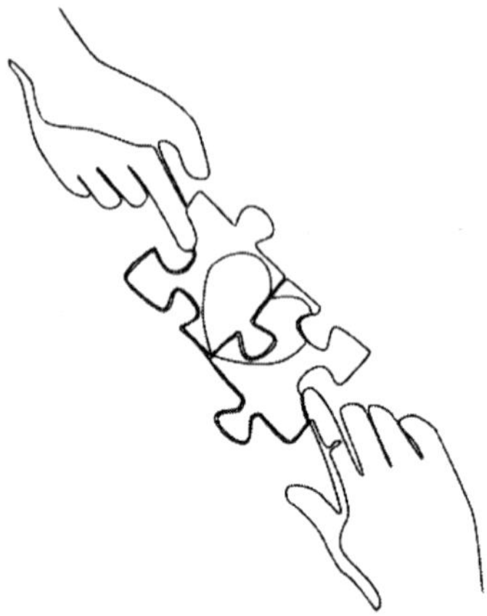

नज़र तलाशती रही, निगाहें खोजती रही।
वो पास होकर भी, दूर होती रही।।

जिसे समझ लिया था दुनिया सारी।
वो पास रही भी, आँखों से ओझल होती रही।।

बेसुध होकर दुनिया से, उसी की रही खुमारी।
गाढ़ इश्क़ गलती है, गलती पे गलती होती रही।।

सजदे में उसकी मुआवज़ा होती रही।
वो चाँद थी, चाँद सी अमावसी होती रही।।

डूब चुके थे इश्क़ के समंदर में हम भी कभी।
किनारा ढूँढते रहे, वो हमसे किनारा होती रही।।

तू, माँ है, अम्मा है, मम्मी है, अम्मी है

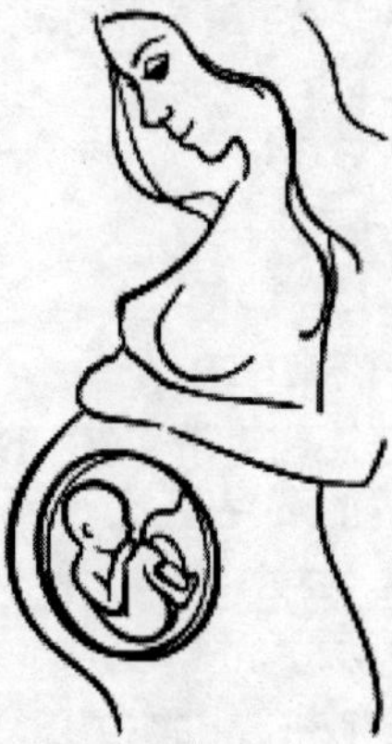

तू...
तू बस इतनी सी है,
कि तुझसे परे मेरा कुछ भी नहीं।
तू मेरी शुरुआत भी है,
और मेरी मंज़िल भी।
तू मेरी राह भी है,
राह दिखाने वाली भी,
सफ़र भी, और मेरी ज़िंदगी की पहली हमसफ़र भी।
तू मेरी पहली आवाज़ है,
मेरी ज़ुबां से निकला पहला शब्द,
बोली है तू मेरी
और मेरी भाषा भी।
तेरी चहचहाट सारी मुझसे है,

तेरी मुस्कुराहट सारी मुझसे है
तेरी भूख भी मुझसे है,
तेरी खुशी भी मुझसे है,
तू मुझसे पहले कभी खाती नहीं, तेरा हर निवाला भी मुझसे है।
जो किसी को मुझे छूने नहीं देती मुझे,
ख़ुद पीट के रो लेती है,
अच्छे बुरे का फ़र्क समझती,
मेरा हर इल्म भी तुझसे है।
नज़रों की कैद से मुझे बचाती,
वो माथे काजल भी लगा देती है,
आसमाँ सा बनकर फैला देती है आँचल,
हर ग़म से दूर रखती भी तू है।
तू, माँ है, अम्मा है, मम्मी है, अम्मी है,
तू निःशब्द है और शब्द भी,
मैं, तेरा, रूप, स्वरूप और प्रतिरूप!!!

नीलाम होता रहा हूँ मैं

तेरे अक्स को आईना समझ, खुद को निहारता रहा हूँ
मैं,
न जाने किस तन्हाई में तुझे, तलाशता रहा हूँ मैं।।

मेरे वजूद का तुझसे, ना जाने क्या रिश्ता रहा है,
कि तू है भी नहीं, तेरा रिश्ता निभाता रहा हूँ मैं।।

तू क़ैद हो गई, इन ज़मानों के बन्धनों में,
आज़ाद होकर भी, तुझे छिपाता रहा हूँ मैं।।

उलझनों को सिलकर, यूँ ही गुज़ार दी ज़िंदगी,
जो कटे-फटे थे, उन्हें रफ़ू करता रहा हूँ मैं।।

सब कुछ हासिल हो ,वहम् होता रहा है मुझे,
इसलिए चाँद को पाने, हाथ बढ़ाता रहा हूँ मैं।।

हम बाज़ार में ख़ुद की क़ीमत ना लगा पाये,
जिसने जो बोली लगायी, नीलाम होता रहा हूँ मैं।।

लो आज फिर एक कोशिश करते हैं

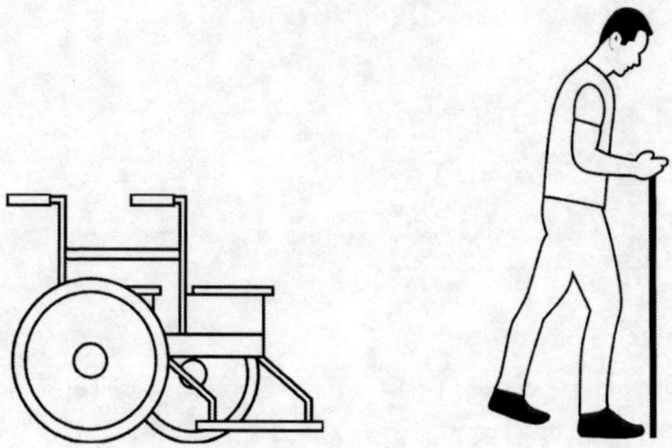

लो आज फिर एक कोशिश करते हैं,
किसी रूठे को मनाने की,
किसी नाराज़ को हँसाने की,
जो दूर हो गया हमसे,
फिर से उसे अपनाने की,
लो आज फिर एक कोशिश करते हैं।।

कभी होता है, हो जाता है अक्सर,
गुस्से में कई बार,
मन टटोल नहीं पाते,
दिल तोड़ देते हैं,
आज इस किसी से कुछ मीठा बोलते हैं,
लो आज फिर एक कोशिश करते हैं।

कभी अनसुनी बातों से,
कहसुनी हो जाती है
और कहते-कहते
दूसरे की बात सुनी तक नहीं जाती है,
आज ऐसे किसी की बात सुनते हैं,
लो आज फिर एक कोशिश करते हैं।

कभी भरोसा होता है,
चोट छोटी सी लगती है,
भरोसा संयम खोते-खोते,
सब रिश्ते धूमिल लगते हैं,
हम दूर-दूर हो जाते हैं,
आज ऐसे किसी भरोसे को फिर से क़ायम करते हैं,
लो आज फिर एक कोशिश करते हैं।

कभी-कभी दो की उलझन में,
किसी एक को सुलझाते,
सुलझा हुआ तो साथ है,
उलझा कहीं खो जाता है,
आज ऐसे किसी उलझे से तार मिलाते हैं,
लो आज फिर एक कोशिश करते हैं।

कभी-कभी बात तवज्जो की होती है,
कभी समय साथ नहीं होता,
अहम के वास्ते,
सब तू-तू, मैं-मैं, हो जाता है,
आज ऐसे ही किसी तू-तू, मैं-मैं, से हम हो जाते हैं,
लो आज फिर एक कोशिश करते हैं।

लो आज फिर एक कोशिश करते हैं,
किसी रूठे को मनाने की,
किसी नाराज़ को हँसाने की,
जो दूर हो गया हमसे,
फिर से उसे अपनाने की,
लो आज फिर एक कोशिश करते हैं।।

-चंद्र किशोर "उरेती"
२६ मई २०२०

वो पंख फैला लिया करते हैं

आज भी ज़रा-ज़रा सी बात पे,
तुम्हारा ज़िक्र किया करते हैं।।
सब बदल गया हो फिर भी,
हम फ़िक्र किया करते हैं।।

अब तुम्हारी यादों को कर दफ़न,
उन्हें कब्र किया करते हैं।
जिन्हें होना हो साथ,
हालातों में सब्र किया करते हैं।।

परिंदें भी आशियाने बदलने की,
खबर किया करते हैं।।

जिन्हें नीड़ होता है सँवारना,
वो खंडहर को घर किया करते हैं।।

दूर सफ़र में निकला मुसाफ़िर,
डगरों को पार किया करते हैं।
जो शहरों के होकर बैठे,
वो ठहर लिया करते हैं।।

क़ैद कफ़स में भी मिलती है,
ज़माने भर की शौक़-ए-आराम।
जिन्हें उड़ना होता है,
वो पंख फैला लिया करते हैं।।

गाँव

गाँव।

हमनें सभ्यताओं में,
नगर खोजे,
इसलिए गाँव,
छूटते चले गए।
और उसके साथ,
गाँव की,
मूल,
आत्मा,
परिवेश,
और संस्कृति भी छूटती गई।।

छूटता गया,
बरगद का चौराहा,
संगोष्ठी,
बुजुर्गों का ताता,
नानी-दादी का घर,
गर्मी की छुट्टी के दिन,
खुलें आसमाँ की नींद,
तारों का गिनना,
गिरे आम बिनना,
गोधूली की बेला,
हाट वाला मेला।

हमनें सभ्यताओं में केवल नगर खोजे,
इसलिए गाँव छूटते चले गए।।

-चन्द्र किशोर "उरेती"

प्रेमिका

अक्सर,
तुमसे मेरा रूठना,
मेरे हक़ में हो जाता है,
जब तुम मुझे मनाने और रिझाने में,
दोबारा प्रेमिका हो जाया करती हो।।

और,
प्रेमिका के बंधन से तो,
ईश्वर भी अछूते नहीं।
सारी भक्ति, ईर्ष्या, मोह-माया,
प्रेम से ही तो है,
प्रेम के पूरक में,
प्रेम ही होता है।

प्रेम यशोदा,
प्रेम राधा,
प्रेम सीता,
सारा हिस्सा तुम्हारे प्रेम का,
और मैं तुम्हारा।।

हम बस एक अल्प मात्र।।

अकेले,
कभी किसी किनारे,
बस देखते रहें,
एक असंख्य दूरी,
और महसूस करें,
कि सबकुछ कितना असीम है,
कितना वृहद्,
कितना विशाल,
और हम बस एक अल्प मात्र।।

यह अल्पता,
सूक्ष्मता नहीं,
परिधि है,
कि हम किसी,
अहम, वहम्, ईर्ष्या, जलन में ना रहें,
और ना ही समझें कि हमसे विस्तृत कुछ नहीं।।
पहाड़ों की ऊँचाई,
समुद्र की गहराई,

नदियों का छोर,
बादलों का शोर,
सबका एक अंत है।

सबकुछ कितना असीम है,
और हम बस एक अल्प मात्र।।

-चंद्र किशोर “उरेती”
२० जून २०२०

मैं ईश्वर से प्यार माँगता हूँ

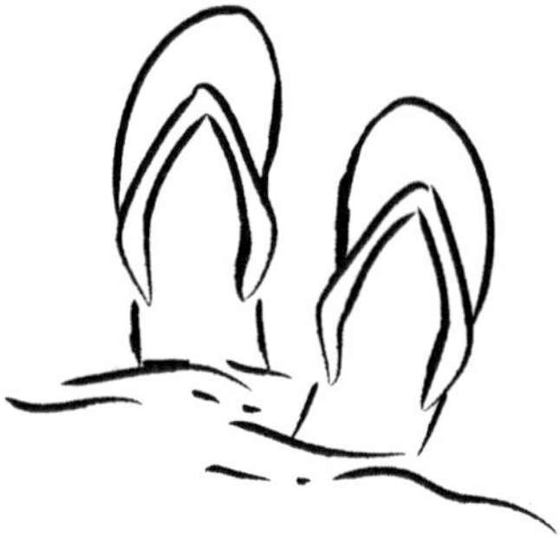

मैं ईश्वर से प्यार माँगता हूँ,
तो वो मुझे तू दे देते हैं,
एक ऐसा प्यार,
जिसमें तुझे छूना ज़रूरी नहीं,
एक ऐसा प्यार,
जिसमें साथ रहना ज़रूरी नहीं,

मैं ईश्वर से प्यार...
तो वो मुझे तू दे देते हैं।
एक ऐसा प्यार,
जिसमें चिढ़ है खोने की,
एक ऐसा प्यार,
जिसमें खीज है, एक न होने की

मैं ईश्वर से प्यार माँगता हूँ,
तो वो मुझे तू दे देते हैं।।
एक ऐसा प्यार,

जिसमें तू मेरी है,
एक ऐसा प्यार,
जिसमें मैं तेरा हूँ

मैं ईश्वर से प्यार माँगता हूँ,
तो वो मुझे तू दे देते हैं।।
एक ऐसा प्यार,
जिसमें तू मुझसे नाराज़ है,
एक ऐसा प्यार,
जिसमें तुझे मेरा ख्याल है।

मैं ईश्वर से प्यार माँगता हूँ,
तो वो मुझे तू दे देते हैं।।
एक ऐसा प्यार,
जिसकी शुरुआत तुम हो,
एक ऐसा प्यार,
जिसका अंत मैं हूँ।

मैं ईश्वर से प्यार माँगता हूँ,
तो वो मुझे तू दे देते हैं।।
एक ऐसा प्यार,
जिसका भरोसा तुम हो,
एक ऐसा प्यार,
जिसका धोखा मैं हूँ।

मैं ईश्वर से प्यार माँगता हूँ,
तो वो मुझे तू दे देते हैं।।
एक ऐसा प्यार,
जिसमें तेरी मिन्नत है,

एक ऐसा प्यार,
जिसमें बेईमान मेरी नियत है।

मैं ईश्वर से प्यार माँगता हूँ,
तो वो मुझे तू दे देते हैं।।
एक ऐसा प्यार,
जो सदैव तेरी सूरत है,
एक ऐसा प्यार,
जो खत्म हो तो मेरी वफ़ात है।

मैं ईश्वर से प्यार माँगता हूँ,
तो वो मुझे तू दे देते हैं।।

तुम ऐसे ही रहो

तुम,
तुम मेरे लिए,
मेरी एक कविता सी हो।
मेरी एक कल्पना,
जो मुझमें सिंचित होती रही,
स्फुटित,
जिसे सोचा,
तो लिखना चाहा,
जब लिखा, तो उसे गढ़ना चाहा,
जब गढ़ा, तो उसे पढ़ना चाहा,
क्योंकि,
कविता होकर भी अपूर्ण नहीं होती,
और कभी पूर्ण होकर पूर्ण नहीं होती।
शून्य, अनंत, असीम, व्योम,

कोई परिमाप नही जो तुम्हें,
माप सके।
तुम ऐसे ही रहो।।

तुम मेरे सपनों में नग्न हो

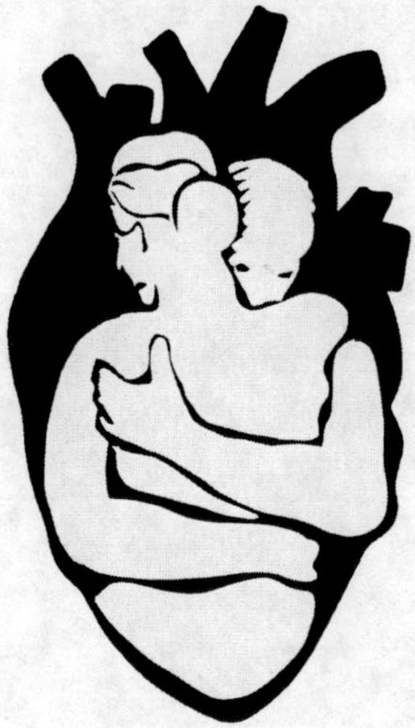

तुम मेरे सपनों में नग्न हो।।।

तुम मेरे सपनों में नग्न हो,
न हमारे बीच जात है,
न समाज है,
न परिवार कि बंदिशें।
बस हम नग्न है,
एक दूसरे के होने के लिए,
और कोई अंतर नहीं,
सिवाए तेरे स्त्री व मेरे पुरुष होने में।।
प्रकृति ने हमें नग्न ही जन्मा है,
हमनें हमारी नग्नता,

जात, समाज और बंदिशों से ढकी,
कपड़ा तो बस दिखावा है।
तुम मेरी सपनों में नग्न हो,
मेरा दिल मुझसे सवाल नहीं पूछता,
सही गलत नहीं ढूंढता,
कोई सीमा तय नहीं करता,
कोई झूठ नहीं बोलता।
तुम मेरी सपनों में नग्न हो।
मेरी नग्नता मेरा प्यार है,
क्योकि नग्नता सब उजागर रखती है,
कुछ छिपा नहीं होता,
तेरे दूसरे के सम्मुख समर्पित होता है।
तुम मेरे सपनों में नग्न हो।

लड़कियाँ तौली जाती हैं

एक लड़की,
अक्सर तौली जाती है
कभी अपने जन्म से,
कभी अपने तन से,
तो कभी अपने रंग से।।

जन्म हुआ, तो लड़कों से,
बढ़ते हुए, अपने भाइयों से,
आज़ादी के भेद से,
घर की इज़्ज़त जैसे परिवेश से।।

तन से, कि मोटी है,
ज़्यादा पतली नहीं है???
कमर देखी है उसकी???
छाती से नज़र नहीं हटती,
नज़रे ऐसी की नंगी कर दे।
कभी तैयार हो जाये,
बहुत मटकने लगी है,
आकर्षित कर रही है,
देखो कैसे नाभी दिखा रही है?
कैसे बैकलेस पहनी है,
ब्रा नहीं पहनी होगी।

तो कभी अपने रंग से,
देख न, काली है,
अबे सावली है,
अबे चेहरा देखा है उसका कितना धब्बा है,
मुझे गोरी पसंद है,
गोरी चमड़ी का रुआब बहुत है,
देख भी सकते हो, देखने मे भी अच्छा लगता है,
गोरे रंग को दिखा भी सकते हैं।।।

और हाँ,
लड़कियाँ जात से भी तौली जाती हैं,
कि ब्याहे नहीं जायेंगे, परजात में,
इज़्ज़त चली जायेगी,
संस्कार बदनाम हो जाएंगे,
समाज में मुंह नहीं दिखा पाएंगे,
ज़िन्दगी भर सर शर्म से झुक जाएगा।।।

यक़ीनन,
हमने वस्तु बना दिया है बिटियों को,
तौलते हैं उन्हें,
उनका मोल भाव करते हैं,
खरीदते हैं उसके लिए वर,
उसे नाम का इज़्ज़त कह,
रत्तीभर इज़्ज़त नहीं करते,
लड़कियाँ तौली जाती हैं

नैसर्गिक न्याय???

क्या न्याय कभी नैसर्गिक हो सकता है?
या हमने केवल सिद्धांत को ही अपनाया है?
अगर न्याय नैसर्गिक है तो,
क्यों ज़रूरत है सबूतों की,
गवाहों की,
तारीख़ों की,
सिद्धी की।

क्यों कहा जाता है,
हैवानियत पर कठोर क़ानून बनाने की ज़रूरत है,
पर जब क़ानून जितना कठोर हो,
उसे सिद्ध करना भी उतना ही कठोर होता है,
और कठोर क़ानून में सज़ा मिलना भी कठोर होता है,
चोर को चोर सिद्ध करना आसान है,
पर क़ातिल को क़ातिल नहीं।
क्या न्याय नैसर्गिक हो सकता है???

आज़ादी

और आज़ादी के मायने में,
हमनें स्त्री की परिधि,
काफ़ी छोटी रखी,
या कहें,
हमनें कभी उनके हिस्से की आज़ादी,
उन्हें दी ही नहीं,
फिर आज ये,
किसके हिस्से का उत्सव है,
किस बात का हर्ष है,
ये ढोल नगाड़े, नाच-गान,
शोर शराबा सब कानों में है,
पर स्त्री की चीख़ों को हमनें भुला दिया है।
या सिर्फ़ नारों में, उद्‌बोधन में या चुनावों में ही,

ज़िक्र और फ़िक्र बची है उसकी,
क्यों उसके इतिहास से वर्तमान तक,
उसका एक अध्याय उन्मुकता का नहीं,
क्यों सुरक्षा चाहिए उसको,
उसको आज़ाद रहने दो।

आज़ादी
और आज़ादी के मायने में,
हमनें स्त्री की परिधि,
काफ़ी छोटी रखी।।

-चंद्र किशोर "उरेती"

पक्षी और पलायन

इंसानों से भी पहले,
पक्षियों ने सीखे,
घरौंदे बनाना,
शायद,
घर का होना वो हम से बेहतर जानते हैं,
पर फिर भी,
प्रवास पर निकल जाते हैं पक्षी,
मैंने देखा है उन्हें,
साइबेरियन सरस, बी ईटर, रुडी शेडल्क जैसे कई,
क्या ये भी,
कौओं की तरह घोंसले नहीं बनाते???
या तोतों s खोखले में रहते हैं???
क्योंकि आसान नहीं होता,
घर छोड़ पलायन,
चाहे पक्षी हो या इंसान।।

-चंद्र किशोर “उरेती”

सड़क का वो अकेला पेड़

सड़क का वो अकेला पेड़,
आशियाना था, घरौंदा था
उड़ आते थे पक्षी,
सुबह-शाम चहचहाहट,
राह का मुसाफ़िर
थककर रुकते वहाँ,
वो छाँव भी तो था,
सारे गाँव की पंचायतें,
बारात का स्वागत,
कितने दूल्हे-दुल्हन बिहा, बिदा हुए हैं उससे,
फिर एक रोज़,
सड़क चौड़ा करने का फ़रमान आया,
उजड़ गया,
आशियाना,
घरौंदा,
चहचहाहट,
पंचायतें,
बारात और विदाई

अब बस सड़कें हैं
पर कोई ठहरता नहीं।

-चंद्र किशोर "उरेती"

अब नदियाँ बहती नहीं।

पहले नदियाँ,
स्वच्छंदता से बहती थी,
हमें लगता था,
कितना पानी यूँ ही व्यर्थ बह रहा,
युक्ति सोची, पानी रोको,
बड़े-बड़े बाँध बने,
पानी रुका,
पर नदियाँ सूखने लगीं,
सुखी नदियों से रेत निकलने लगी,
अब नदियाँ मरने लगीं हैं,
अब नदियाँ बहती नहीं।।

-चंद्र किशोर "उरेती"

एक आँखें ही तो थी,

जो ख़ुद की होकर भी ना रहीं,
मानो जैसे,
नज़र उसे तलाशती ही रहती,
और जब तक उसे ढूँढ के देख ना ले,
इसे जैसे कोई सुकून ही नहीं।।
वही सुकून, जो लड़कपन में,
हर जवाँ होता लड़का ढूँढता है,
कभी किसी किताब की शायरी चुराते हुए,
ख़ुद को ग़ालिब बताते हुए,
किसी के प्रेम-प्रसंग को अपनाते हुए,
खेलते हुए, कहते हुए,

उसे बार-बार लिख के मिटाते हुए,
सब हारकर ढूँढते उसी सुकून को,
एक आँख ही तो थी,
जो ख़ुद की होकर भी ना रही।
समय से अबोध,
हर तिलिस्म का करते शोध,
और जल्दी सुबह होने की चाह,
थकी-थकी सी आँखें,
उनपे बुनते हुए सपने,
उसी मासूमियत के साथ,
आँखों का फिर से उसे तलाशना,
एक आँख ही तो थी,
जो ख़ुद की होकर भी ना रही।।

चन्द्र किशोर "उरेती"
२०१०